Bernd Rahne

Der Apfel

AF209072

Bernd Rahne

Der Apfel
und
andere
bunte Blätter

Gedichte und anderes Gereimtes

Impressum

Bibliografische Information der Deutschen
Nationalbibliothek:
Die Deutsche Nationalbibliothek verzeichnet diese
Publikation in der Deutschen Nationalbibliografie;
detaillierte bibliografische Daten sind im Internet über
dnb.d-nb.de abrufbar.

Herstellung und Verlag:
Books on Demand GmbH, Norderstedt
ISBN 9783848205745

Vorwort

Liebe Freunde und Leser,

dieses Büchlein enthält eine Sammlung aus ca. 10 Jahren meines dichterischen Schaffens. Die Gedichte widerspiegeln ein Stück der bunten Lebensvielfalt – so bunt wie Blätter am Baum.

Ich versuchte nicht, Vorhandenes in anderer Form zu beschreiben, vielmehr sind hier meine eigenen Erlebnisse, besondere Begegnungen und Erfahrungen in die Verse eingeflossen.

Es ist mir ein großes Herzensbedürfnis, allen zu danken, die zum Gelingen dieses Büchleins beigetragen haben. Zuallererst danke ich meiner lieben Frau, die mir stets ein guter Berater und wohlwollender Kritiker war; auch meiner Familie und allen Freunden, die mich zur Veröffentlichung ermutigten. Nicht zuletzt danke ich denen, die mich durch manche Begegnung, Beobachtung oder Erlebnisse zu Gedanken inspirierten, die schließlich nun in Versform vorliegen.

Viel Freude beim Lesen wünscht

der Verfasser

Wer reden will

Wer reden will,
muss zu sich finden
und seine Zunge
an die Lippen binden.

Mit Maß
und wohlgeformtem Wort
gelangt so jeder Satz
an den für ihn bestimmten Ort.

Nachrichten

In den Sessel! Kurz vor acht
seh ich, was die Welt so macht.
Bier und Pommes hingestellt –
jetzt was Neues aus der Welt:

Das erste Bild: Was ist geschehn?
Ein Flugzeugabsturz ist zu sehn,
in der Sahara voller Sand
jeder seinen Tod dort fand.

Terroristen haben fünf entführt.
Man sieht das Bild fast ungerührt.
Für sehr viel Geld lässt man sie laufen,
zum Glück kann man auch dieses kaufen.

Von der Ernte letztes Jahr
blieb nicht viel, was übrig war,
Regen, Sturm sind schuld daran,
dass die Preise steigen an.

Nun ein Tornado über Mexiko –
nur zwei Tote – sind wir froh!
Zur Erholung wird gezeigt,
was vom Sturm noch übrig bleibt.

Vogelgrippe, Fleischskandal
sind zu sehn auf dem Kanal.
Schweinepest, nur zu banal,
alle Tiere sterben voller Qual.

Auf Grönland sieht man kaum noch Eis –
ob das schon der Eisbär weiß?
Um Japan macht der Wal 'nen Bogen,
dort jagt man ihn mit Pfeil und Bogen.

Die Statistik sagt zum wiederholten Mal:
Mehr Unfalltote als im letzten Jahr.
Von CO_2 sind wir bedroht,
noch hat uns hier der Tod verschont.

Die Lottozahlen nun zum Glück!
Die Spannung steigt jetzt Stück um Stück,
Herzrhythmusstörung, Augenflimmern –
die falschen Zahlen, so wie immer ...

Das Wetter spricht von Regen sehr,
so ca. 1000 Liter oder mehr
auf einen Meter soll es geben –
schwimmen muss man, um zu leben!

Jetzt schnell von AN auf AUS gedrückt,
sonst werde ich noch ganz verrückt!
Ich schaue mich ganz ratlos an,
wie ich wohl so noch leben kann?

Rettung

Ein Rettungsring
hing in der Sonne öde
so Jahr um Jahr
und wurde spröde.

Er sprach zu sich:
„Das ist zu dumm,
ich hänge hier
nur sinnlos rum."

Er sah das Wasser
vor sich stehn
und sagte:
„Ich werd' baden gehn!"

Mit einem Sprung
ins Wasser rein –
dort schwamm er
und ging aus dem Leim.

Er schrie: „Was soll mit mir geschehn?"
und wollte auch schon untergehn.
Zum Glück in seiner Not
kam daher
ein Rettungsboot.

Nur ein Traum

„Käpt'n, Käpt'n,
die Planke ächzt und stöhnt!"

„Mein Jung',
das ist der Sturm, der mit ihr klönt."

„Käpt'n, Käpt'n,
die Planke knackt und kracht!"

„Mein Jung',
das ist das Wellenspiel der Nacht."

„Käpt'n, Käpt'n!
Die Planke jetzt zerbricht!"

„Mein Jung' –
es ist nur Angst, die aus dir spricht."

„Käpt'n, Käpt'n –
sieh nur, wie sie untergeht!"

„Jung' – das seh ich auch – –
du kommst zu spät!"

Das Glück

Das Glück – man kann es sich nicht kaufen,
doch plötzlich kommt es angelaufen;
sieht man es dann so vor sich stehn,
wünscht man sich sehr, es sollt' nicht gehn.

Zwei Augen schauen auf dich zu
und du bist mit dem Glück per Du.
Man zeigt es allen an der Hand
mit einem Ring, das man es fand.

Fragst du erstaunt: Wer hat's gegeben,
das neue Glück in deinem Leben?
Der, dem es längst schon war bekannt,
gab dieses Glück in deine Hand!

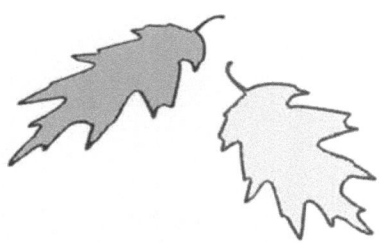

Liebe

Füreinander leben,
sich hinzugeben,
einfach da sein,
dem Anderen nah sein.
In der Stille sich sagen,
wir wollen einander tragen.
Hände, die sich fassen,
sagen, ich will dich nicht lassen.
Wenn es kalt wird umher,
sagt deine Umarmung:
ich lieb dich noch mehr.
Wenn auch räumlich oft fern,
denken die Herzen: wir haben uns gern.
Das Lachen in deinem Blick
ist ein Stück vom eigenen Glück.
Es spricht das Herz mit lautem Pochen:
Ich lass dich nie los, versprochen!

Engel spezial

Hast du solch Engel schon gesehn,
der nicht mal fliegt und kann nur gehn?
Mit Email und Computermaus,
das sieht mir nicht sehr himmlisch aus.
Trägt Bluse, T-Shirt, Jeans und Sandaletten,
sehr ungewöhnlich für 'nen Engel, sollt' ich wetten.

Es ziert ihn auch kein Heil'genschein,
und Flügel fehlen, ist das gemein!
Das blonde Haar – auch Fehlanzeige,
doch kalte Füße, wie ich meine.
Im Gepäck sind Noten, Lenkrad, Spaten, Quirl –
was der wohl hier auf Erden will?

Er gibt von sich, das ist sein Stil,
und nicht mal wenig, sondern viel.
Stimmt dich zufrieden, wenn du grollst
und immerfort in einem schmollst,
zaubert ein Lächeln aufs Gesicht
mit lieben Worten, die er spricht.

Schafft Ruh und Frieden viele Tage
nach Arbeit, Stress und mancher Plage,
schläfst mit ihm ganz leis und sacht,
bringt dich zum Träumen in der Nacht.
Erwachst du dann am frühen Morgen,
nimmt er dir fort gar manche Sorgen.

Auch lenkt am Tag er die Gedanken
und schenkt dir der Bewahrung Schranken.

Stellt dir sich noch die Frage wohl,
was er so schafft, hier will und soll?

Ich glaube nicht! Die Welt ist wundervoll
Dank solcher Engel, das ist toll!

Dinge im Leben

- Licht und die Wärme der Sonne
- Bewegung des Wassers
- Klarheit und Wahrheit im Blick der Augen
- Hoffnung im Frühlingserwachen
- Lachen über bestandene Sachen
- Festigkeit der Bäume im Sturm
- Freude in Kinderaugen
- Helfen von starken Händen
- Träumen unter schattigen Bäumen
- Geborgenheit in liebenden Armen
- Ruhe und Frieden auf hohem Fels
- Lieder, die Vögel singen
- Glaube, von Gott gegeben
- Herzen, die schlagen in Liebe
- Treue, die hält alle Stunden
- Augen, die sehen Anderer Not
- Trinken aus frischer Quelle
- Hände gefaltet zum Beten
- Harmonie im gemeinsam Gehen und Verstehen

Mit Dir dies zu erleben,
ist Glück und Halt im Leben.

Unsere Oma

Der Frieden in der Seele,
die Ruhe im Gemüt,
Verzeihn für alle Fehle –
wie wohl uns das stets tut!

Die Dankbarkeit im Herzen,
die Freundlichkeit im Wort
vertreibt viel' Seelenschmerzen,
ist Balsam hier am Ort.

Nur Liebe treibt das Handeln,
schenkt Freud im Augenblick –
das ist im Segen wandeln,
Zufriedenheit und Glück.

Die Zeit

Sie steht vor uns oft unerkannt –
pass darauf auf, was sie uns mahnt:
Die Zeit, ein Stück Vergangenheit,
sie zeigt uns an, dass nichts uns bleibt.
Sie gibt uns die Gelegenheit
zu streben hin, was ewig bleibt.
Die Zeit, die dir gegeben hier,
schenk ihr ein Stück von dir dafür.

Nur nach gelebtem Glück wird hier gefragt
und wird berechnet Tag für Tag.
Von deiner Zeit gib Stück um Stück,
zu schaffen mit an Andrer Glück.
Die Prüfungsstunden voller Plage –
auch das ist Zeit an manchem Tage,
da lernt man sie nur kaum verstehn,
will sie im Schweren nicht vergehn.
Im Kreis von Freunden – schöne Stunden –
auch da hast du die Zeit gefunden.

Die Zeit – ein Ring im Baum –
ein wunderschöner langer Traum.
Die Zeit: Man liest sie im Gesicht,
im Silberhaar, im Augenlicht;
die Ampel geht von Rot auf Grün;
auch lässt sie eine Rose blühn;
vor einer Schranke musst du stehn;
ein Kind grüßt im Vorübergehn.

Sie ist das Klingeln von dem Telefon,
das Lauschen lieber Worte Ton.
Sie ist in lieben Zeilen einer Karte,
die ich schon sehnsuchtsvoll erwarte.
Die Zeit – ein Blatt, bewegt im Wind,
und auch ein neugebor'nes Kind.
Sie ist die Melodie im Lied,
den Vers dazu das Leben schrieb.

Sie lebt in denen, die du liebst
und denen du viel Gutes gibst.
Sie sagt: „Ich bin die Zeit,
die war und ist und ewig bleibt."
So dank' der Zeit, die dir gegeben,
und füll sie aus mit frohem Streben.
Und ist zu Ende hier die Zeit,
beginnt sie neu in Ewigkeit.

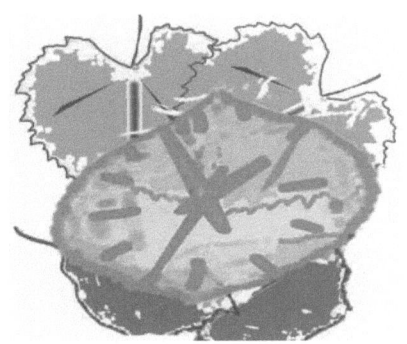

Der Kuchenrand

Verloren hab ich,
kaum dass ich's fand,
ein großes Stück vom Kuchenrand.

Hatt' nicht mal Zeit
zum Kosten fein –
kein Wunder, war ja nicht allein.

Das Stück, das nun verloren war,
ich sah es später – sonderbar –
verschwinden in der Mäuler Schar.

In Gedanken

Gedanken, die Dich finden,
ich kann sie nicht binden,
sie fliegen wie eine Feder im Wind
zu Dir hin, mein liebes Kind.
In Gedanken war ich bei Dir
und sah Dich spielen am Klavier.
Die Gedanken, hin und her gelassen,
mit Händen kann man sie nicht fassen.

Schau in Gedanken einen Blick zurück,
dann findest Du vergangenes Glück,
ein Glück, das für uns beide zählt,
nicht zu bezahlen mit einer Währung dieser Welt.
Du konntest Dir nicht alles kaufen,
doch lerntest Du im Leben selber laufen.
Für mich ist diese Zeit
ein schönes Stück Vergangenheit.

Aus dem Vergangnen nimm die Erfahrung,
dem Heute zu schenken das Gute zur Bewahrung.
Was vor Dir liegt in Ebbe und Flut,
mach es durch Taten zum hohen Gut.
Sind Deine Gedanken auch in Moll oder Dur,
schick sie nur froh auf meine Flur.
So kreuzen sich oft unsre Gedanken
von Dir zu mir ohn' alle Schranken.

Hand auf's Herz

Hand auf's Herz:
Fliegt dein Herz durch Zeit und Räume
und erfüllt noch deine Träume?

Hand auf's Herz,
ist es noch bereit,
mit dir zu gehen einen Schritt zu weit?

Hand auf's Herz,
fühlt es noch zur rechten Zeit
zu lindern Anderer Not und Leid?

Hand auf's Herz:
Schlägt es noch ganz wild,
wenn du siehst der Liebe Bild?

Hand auf's Herz,
ist der Takt im rechten Fluss,
erlebt es noch des Lebens Hochgenuss?

Hand auf's Herz,
wenn es in der Brust schlägt still
und spürst, was es dir sagen will:
Hand auf's Herz,
schlägt es noch, dein Herz?

Mütter sind …

Die Quelle, aus ihr geboren ins Leben;
Ein weiches Kissen in den ersten Stunden;
Hände für des Lebens ersten Schritt;
Nach der Bruchlandung bester Kitt;
Leuchttürme in dem Meer der Zeit;
Ein Schwert für Sieg im Streit;
Der Rettungsring kurz vor dem Sinken;
Ein guter Wein zum Trinken;
Hausnummer für allen Kummer;
Das schönste Eis am Stiel im Sommer;
Die Tür für eine Pause im Zuhause;
Zum Verschenken der schönste Blumenstrauß;
Der Medizinschrank für alle Wunden;
Ein Lexikon für alle Fragen, die ich gefunden;
Knie, gebeugt für den Schutz des Himmels;
Zum Öffnen vieler Türen die Klingel;
Ein Schleifenband für verbindende Liebe – ideal;
So sind nun halt die Mütter:
Einfach nur genial!

Was ich liebe

Mit Dir zu wandern durch Wald und Flur
in Gottes schöner froher Natur.
Mit Dir gemeinsam träumen
von Dingen, die noch liegen im Geheimen.
Mit Dir gemeinsam lachen,
auch über nicht gelung'ne Sachen.
Mit Dir gemeinsam Hand in Hand zu gehn,
zu wissen, dass wir fest zusammenstehn.
Mit Dir gemeinsam Schwächen abzubau'n
im ungetrübten sich vertrau'n.
Mit Dir zu reden über dies und das,
was wir zusammen angefasst.
Mit Dir zu beten jeden Tag,
in Freude wie im Ungemach.
Mit Dir innig und vertraut,
wenn wir uns tief in die Augen geschaut.
Mit Dir unsere Lieder singen
und dabei Gutes und Schönes vollbringen.
Mit Dir zusammen still zu schweigen,
sich in Gedanken zuzuneigen.
Mit Dir gemeinsam die Herzen hören,
zu spüren, dass wir zusammen gehören.
Mit Dir gemeinsam Arm in Arm,
das hält uns beide innig warm.
In meinen Augen kannst Du lesen:
„Du bist für mich das liebste Wesen!"

Frühlingsahnung

Dein frühes zartes Mühen
am ersten warmen Tag
bracht' Dir ein leises Blühen,
so wie ich gern es mag.

Hätt' gern mit Dir gesprochen,
Dir meine Hand gereicht:
Der Winter hat's zerbrochen,
was noch so schwach und leicht.

Das, was noch ist verblieben,
es ist die gleiche Art,
es wird sich wiederfinden,
kein Winter Platz dort hat.

Die Herzen sich umschlingen
im Land der Harmonie,
es gibt nur Freud und Singen –
der Sommer endet nie!

Trost

In dunkler Nacht,
wenn die Seele weint,
kein Freund mich bewacht
und die Welt mein Glück verneint;
der Weg im Nichts endet,
der Blick sich verliert,
das Blatt sich nicht wendet
und nur die Angst regiert;
das Gute zum Bösen wird,
Unrecht auf sein Recht beharrt,
mein Herz sich nur irrt,
der Mut sich fühlt vernarrt;
niemand für mich streitet,
die Schritte ergeben keine Spur,
keiner mit mir leidet,
der Trost verliert sich nur –

da ist nur sicher,

da bleibst nur Du,

über alles erhaben,

mein Jesus, bist Du!

Jahreswechsel

Das alte Jahr – wie sonderbar –
es ist zurück geblieben
und alles, was da wirklich war ...
In Gedanken bleibt das Lieben,
das leise unverhohlen Bahn sich bricht
und malt mit zarter Feder
mir den Morgen ins Gesicht.
Er ist so klar und unberührt
wie Morgentau, den man im Herzen spürt.
Erstaunt voll Neugier ich da steh',
vor mir das ungezähmte Jahr ich seh'
und weiß nicht Wohl noch Wehe.
Fang einfach an und gehe.

Die Schwalben

Wie immer Tag für Tag
ging ich meiner Arbeit nach
und hatte alle Hände voll zu tun,
das Schaffen ließ mich gar nicht ruhn.

In Gedanken hin und her gehetzt
verließ ich meine Werkstatt jetzt
und wollte auch schon weiter gehn,
da habe ich sie fliegen sehn:

Schwalben, in Zahlen nicht zu beschreiben,
geheimnisvolle Eile bestimmt ihr Treiben,
sie fliegen geschwind zum Horizont,
wo unbegrenzte Freiheit wohnt.

Es geht hinauf und bald hinunter
in ihrer Art getrost und munter,
und halten sie es nicht mehr aus,
hält ein gespanntes Seil sie für 'ne Paus.

Doch lange hält es sie nicht auf,
die innere Uhr drängt sie zuhauf,
es treibt sie fort von diesem Ort
und sind doch bald schon wieder dort.

Ich sah den Tieren lange zu
und fand dabei doch keine Ruh,
wär gerne mit im muntren Treiben –
doch musst' ich ja hier unten bleiben.

Von Zeit zu Zeit sah ich sie an
und musst' doch gehn das Eigne an.
Bald ließ das eigne Werk ich wieder stehn,
um nach dem Vogelschwarm zu sehn.

Doch was ich sah – das Seil war leer,
kein Vogelheer, kein einz'ger Vogel mehr,
zu hören war kein Vogellaut,
der mir zuvor doch so vertraut.

Es hielt sie nicht das eigne Nest,
ihr Ziel legt nun die Richtung fest.
In Gedanken sah ich, wie sie zogen,
voll Sehnsucht wär ich mitgeflogen.

Was zog von diesem Ort sie fort?
Ist es ein sich'rer, warmer Ort?
Geheimnisvoll mit mächt'gem Bann
zieht sie die zweite Heimat an!

Der Sieg

Ja, wenn du meinst,
du bist Verlierer
in einer Schlacht, die nur so schien –
gönn ihm, dem Sieger, die Pokale,
und du kannst dann in Frieden ziehn.

Und wenn du meinst,
du gehst als Sieger
aus einer Schlacht, die keine war,
so reiche dennoch dem Verlierer
die Hand zum Gruße wieder dar.

Und wenn du meinst,
du kennest beide
in dieser Schlacht, die keine ist,
dann kämpft gemeinsam um die Siege
in einer Schlacht, die eine ist.

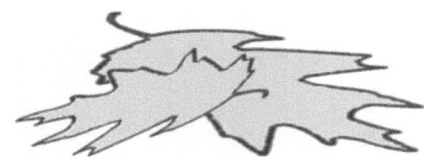

Wagnis?

Ich darf Vater zu Dir sagen –
und möchte doch viel lieber klagen.
Ich darf Dich das Vertrauen nennen
und würde fast an Dir verbrennen.
Dich zu kennen ist ein Freudenleben,
dafür kann ich nur Trübsal geben.
Zum Ergreifen reichst Du Deine Hand,
dagegen spricht mein Unverstand.
Und wenn ich spüre meine Schuld,
so trägt mich dennoch Deine Huld.

Der Andere

Hätt' gern überzogen,
dass sich die Balken bogen;
hätt' gern Grenzen überschritten,
auch wenn ich mich dabei geschnitten;
hätt' gern die Wahrheit gesagt,
auch wenn mich niemand danach fragt;
hätt' gern Brücken hinter mir zerstört,
obwohl man sich gar sehr empört;
hätt' gern gegen den Wind gespuckt,
auch wenn ich mich daran verschluckt;
hätt' gern eine Arie gesungen,
obwohl sie ungehört verklungen;
hätt' gern Anderer Seiten erblickt,
auch wenn es mich dabei erschrickt;
hätt' gern Sand ins Getriebe gestreut,
auch wenn es mich später gereut;
hätt' mich gern als Denkmal aufgestellt,
obwohl man schnell wieder herunter fällt;
hätt' gern Träume erlebt wilder Abenteuer,
auch wenn der Preis dafür sehr teuer;
hätt' gern neue Dinge ausprobiert,
auch wenn ich viel dafür riskiert;
hätt' gern den allerhöchsten Berg bestiegen,
doch blieb ich vornehm hier im tiefen Frieden;

hätt' gern Sprünge über Schluchten gewagt
und mich über den Sturz nicht beklagt;
hätt' gern der Tiefen Abgründe erblickt,
auch wenn es mich zu Tode erschrickt;
hätt' gern über alles und jeden gelacht,
selbst wenn mich dabei alle veracht';
ich tat es nicht bei Tage und bei Nacht –
dazu ist nur der Clown gemacht!

Der Fisch

Ein Fischlein schwimmt im großen Meer
gelangweilt ständig hin und her.
Es spricht: „Ich werde mich hieraus befrei'n,
denn Fliegen wird die Zukunft sein!"

Mit einem Sprung raus aus dem Nass –
wie macht ihm doch das Fliegen Spaß!
Der Flug ein jähes Ende findet,
das Fischlein sich auf Trocknem windet.

Jetzt liegt es da an frischer Luft,
zum Fliegen hat's nun keine Lust.
Das Leben wär beinahe aus,
doch trug 'ne Welle es nach Haus.

Das Fischlein spricht: „Ich habe ja Talent –
doch Schwimmen bleibt mein Element!"

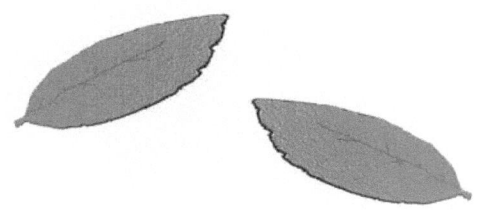

Mein Lied

Mein Lied
im Nichts entflieht.
Ich hör es leis verhallen,
so könnt es mir gefallen.

Doch im Gewirr
und dem Gestrüpp
ein leises Piep
gibt mir voll Lieb.

Ich nehm's zur Hand,
was ich da fand
von jenen Wegen
und lässt mich sacht genesen.

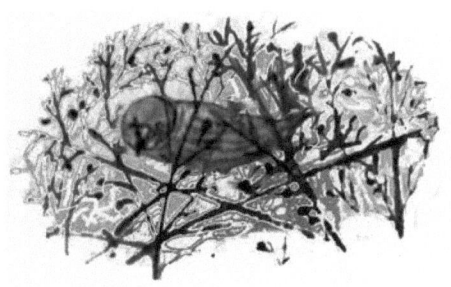

Ist es wahr?

Ist es wahr, Du warst von Anfang an?
Ist es wahr, dass ich durch Dich begann?

Ist es wahr, dass es Dich ewig gibt?
Ist es wahr, dass Du die Menschen liebst?

Ist es wahr, dass Deine Liebe mich erwählt
und mich zu Deinen Kindern zählt?

Ist es wahr, dass Du für mich gestorben?
Ist es wahr, dass Gnade Du für mich erworben?

Ist es wahr, dass meine Hoffnung nicht stirbt,
weil Dein Sterben am Kreuz um mich wirbt?

Ist es wahr, dass Du mich führst?
Ist es wahr, dass Du im Innern mich berührst?

Ist es wahr, dass Du den Sturm in mir bezwingst,
wenn Du Deinen Frieden mir bringst?

Ist es wahr, dass Deine Allgewalt
mein Leben lenkt und gibt mir Halt?

Ist es wahr, dass Deine Macht
mich nicht verlässt in dunkler Nacht?

Ist es wahr, dass Dein Vergeben
Kraft mir gibt zum Weiterleben?

Ist es wahr, dass Deine Engel mich tragen
in guten wie in schweren Tagen?

Ist es wahr, dass Du bist treu,
auch wenn ich Deine Nähe scheu?

Ist es wahr,
dass, wo ich bin,
da, wo ich war,
und wo ich gehe hin,
Du immerfort
mich trägst und liebst
an jedem Ort?

Es ist wohl wahr …

Gedanken zur Weihnacht

Sternennacht und Stille,
tiefer Friede ist der Wille.
Freude in den Herzen,
viele hell entzündet' Kerzen.
Glockenläuten, sehr viel Singen
und Geschenke, die wir bringen.

Dann das Bild von Bethlehem!

In den Herzen wärmt ein Licht,
das von Liebe und Vergeben spricht,
dieses Leuchten und das Strahlen,
von Erlösung will 's uns sagen.
Lenk den Blick zu Jesus hin:
Frohe Weihnacht – Dein Gewinn!

Das Geschenk

Das Wunder der Liebe
durch Gott gegeben,
Maria im Glauben
es brachte zum Leben.

Ein Stern am Himmel
zeigte uns an,
dass in der Nacht
etwas Großes begann.

In der stillen Nacht
mit ihrem Halleluja
künden die Engel:
„Christus ist da!"

Die Hirten erkannten,
was geschehn,
und liefen herzu,
es anzusehn.

Das ohne Glanz
in der Wiege liegt,
ist ER,
der uns Erlösung gibt.

Es dringt die Kunde
nach Fern und Nah:
„Der Retter der Welt
ist für alle jetzt da!"

Vorfreude

Die Arbeit ist zum Glück jetzt aus,
in Gedanken bin ich schon zu Haus.
Ich stapfe froh durch tiefen Schnee,
da klingt Musik ganz aus der Näh,
vom Marktplatz schallt es her zu mir:
„Das Weihnachtsfest steht vor der Tür!
Ein Fest der Liebe soll es sein,
so kauft noch schnell Geschenke ein!"
Doch Geld hab ich grad nicht zur Hand,
verlass zum Glück schnell diesen Stand.

Mein Weg führt durch die stille Nacht.
Die Augen sehn zur Sternenpracht:
Am Himmelszelt die Sterne stehn –
so war es wohl in Bethlehem …
Das Bild mir noch vor Augen steht,
ein „Gloria!" herüber weht.
Es kommt aus einer Tür mit Kinderlachen,
ich bin gespannt, was sie dort machen.

Die Neugier lässt mich treten ein,
da hör ich schon den Josef schrei'n:
„Der Stall ist viel zu klein und ohne Licht,
man sieht die Hand vor Augen nicht!"
Kein Wunder, Franz vom Nachbarhaus
ließ die Laterne heut zu Haus.
Die Hirten Hans, Marleen und Eberhardt,
sie nörgeln, weil das Stroh zu hart.

Zu spät kommt wieder mal Susanne,
als Krippe bringt sie mit 'ne Wanne.
Das Lachen wird jetzt laut und fröhlich,
kein Geschenk hat Fritz als König.
Die Schafe hier für diese Show,
das sind die Hunde Rex und Floh.
Der Chor der Engel dieses Jahr
ist ohne Flügel ganz und gar.

Franziska die Maria mimt,
wo hat sie nur das Christuskind?
Das Krippenspiel kann so nicht gehn,
die Kinder ratlos durcheinander stehn.
Da kommt die Tante Gisela,
die dieses Jahr ihr Kind gebar.
Sie legt es in der Krippe Stroh,
jetzt jubeln alle und sind froh.

Das Christuskind, es ist jetzt da,
im Krippenspiel für alle nah.
Von allen wird es nun umringt,
das „Stille Nacht" wird angestimmt,
es klingt so schön, ist wie ein Traum …
Im Herzen wird für Weihnacht Raum.
Ich schleiche leise mich davon
und freu mich auf zu Hause schon.

Das Wunder

Im Traum, da hab ich's kommen sehn,
Dein Glück, es war nicht weit,
nur eine halbe Stunde bis zur Ewigkeit
blieb für den Traum noch Zeit.

Im Traum war ich dazu bereit,
dem Glück zu geben von der Zeit
Dir eine halbe Stunde vor der Ewigkeit –
ich meint, es wär soweit.

Im Traum sah ich das Wunder an,
es war so schön, als es begann.
Nun lebt der Traum in dieser Zeit
so lang wie eine Ewigkeit.

Der Apfel

Ein Apfel – hoch in einem Baum –
du siehst ihn an, er schaukelt kaum.

Bewegt wird er vom Wind jetzt mehr,
er schaukelt hin, er schaukelt her.

Er schaukelt her, er schaukelt hin
und du schaust länger hin zu ihm.

Vom Wind gezaust und hart geschunden,
fast sieht man ihn schon fall'n nach unten.

Es bleibt für ihn kaum Raum,
bei diesem Sturm im Baum.

Zum Gehen wendest du dich ab,
schaust dich kurz um –
und er ist ab.

Herzenslicht

Herzenslicht, verbirg Dich nicht
in dem Dunkel unsres Lebens,
denn es suchen viele Dich,
leuchtend nur man findet Dich.

Herzenslicht, entzieh Dich nicht
vor der Kälte dieser Tage,
denn so mancher sehnet sich
nach der Wärme Deines Lichts.

Herzenslicht, erschrecke nicht
vor des Sturmes Wellen!
Gibst Halt und Stärke innerlich,
wenn wir sehen brennen Dich.

Herzenslicht, verzage nicht,
wenn befremdet wir uns meiden.
Wärmend durch Dein Feuerlicht
wir erfreuen uns durch Dich.

Vergiss mich nicht –

denn ich vergess' auch deiner nicht!

Vergiss mich nicht,
wenn du vor Angst erbebst
und nur mit Mühe weiterlebst –
denn ich vergess' auch deiner nicht!

Vergiss mich nicht,
wenn groß und weit die Welt
und alles in den Schoß dir fällt –
denn ich vergess' auch deiner nicht!

Vergiss mich nicht,
wenn im Gericht
scheinbar niemand gütig zu dir spricht –
denn ich vergess' auch deiner nicht!

Vergiss mich nicht,
wenn du von Freunden bist umworben
und kaum noch denkst: „Was wird wohl morgen?" –
denn ich vergess' auch deiner nicht!

Vergiss mich nicht,
wenn deine Tage sind gezählt
und du fragst: „Sind meine Wege recht gewählt?" –
denn ich vergess' auch deiner nicht!

Vergiss mich nicht,
wenn du trittst ins ew'ge Leben
und dich fragst: „Wie werd ich weiterleben?" –
auch hier vergess' ich deiner nicht!

Dein Wegbegleiter

Gott war mit dir
an allen Tagen,
er gab dir Freuden,
half die Mühen tragen.

So geh mit ihm
auch in der neuen Zeit
und nimm,
was er dir hält bereit.

Ein Freund

Mein Freund, Du gingst
und lässt mich hier allein.

Was bleibt von Dir zurück?
Dein Lächeln, ein verständnisvoller Blick.

Geholfen hast Du still und leise,
ich danke Dir für diese, Deine Art und Weise.

Du hast bei mir nie einen Makel gesucht
und hast einen Platz in meinem Herzen gebucht.

Wenn traurig und betrübt mein Sinn,
hilft das Erinnern, wo ich Dir begegnet bin.

Wo werd ich Dich finden über Raum und Zeit?
Dort, in jener erlösten Ewigkeit.

Wenn wir uns dann gegenüber stehn,
sagt Dein verschmitztes Lächeln:
„… das hab ich kommen sehn."

Geheimes

Frage nicht: „Warum? Weshalb?"
Es macht dich vor der Zeit nur alt.

Frage nicht: „Weshalb? Warum?"
Es triebe dich nur viel mehr um.

Frage nicht: „Warum? Wozu?"
Du fändest dabei keine Ruh.

Frage nicht: „Wozu gerade jetzt?"
Es machte dich nur arg verletzt.

Frage nicht: „Warum erst dann, nicht hier?"
Die Neugier hierauf nicht verlier.

Frage nicht. Es muss halt jetzt so sein,
die Zukunft bringt dir seinen Reim.

Geburtstag

Was ich Dir wünsche kurz vor acht –
ich hab es auf Papier gebracht:

Nur sehr viel Licht und niemals Nacht,
dafür die Tag' voll Freudenpracht;
kein Wasser, das Zerstörung bringt,
doch welches, was zum Leben dient;
die Melodien des Lebens nur in Dur, nie Moll,
das wäre doch wahrhaftig wundervoll;
nie weinen über dies und das,
jedoch viel Lachen, Lust und Spaß.
Die kalten Tage sei'n Dir fremd,
viel Wärme stets Dein Element.
Das Schöne soll Dein Auge sehn,
das Gegenteil Dir nie geschehn.
An keinem Tag sei Du allein,
es sollen viele um Dich sein.
Nur gute Freunde wünsch ich Dir,
die helfend stehn vor Deiner Tür.
Ach ja, kein steiler Berg soll Dir im Wege stehn,
auf glatten, graden Straßen sollst Du gehn.
Und sollt es doch mal anders sein,
dann schreib ich Dir 'nen neuen Reim,
der wird Dich sicher auch erfreun,
wenn es dann ist so kurz vor neun.

Du

Fang jeden Tag von vorne an,
betrachte deine Seele dann,
gib den Gefühlen freien Raum
und lebe deinen eignen Traum.

Spreng fremder Ketten Ironie
mit eigner froher Poesie.
Umgarnt von schwereloser Zeit
bist du im Innersten befreit.

Fahr Achterbahn mit Liebe im Gesicht,
vor 'm eignen Ich erschrecke nicht!
Lach jeden Tag mal über dich,
denn du liebst dich ja sicherlich.

Wege

Meine Wege hier und dort
führten mich an fremden Ort.
Entdeckte neues, schönes Land,
das ich so früher nicht gekannt.
Neue gute Freunde lernt' ich kennen
und das, was sie dort Leben nennen;
hab' mit ihnen Wege neu beschritten,
auf denen wir gelacht und auch gelitten,
die Lebenssicht ein Stück geweitet,
mit der ich freudig weiter schreite.
Des Lebens neu gestellte Weichen
lässt mich aufs Neue weiterreisen.
Mit solch Erfahrung in der Hand
betret' ich wieder Heimatland,
dort, wo mir Weg und Steg vertraut
und auch der noch so kleinste Laut.
Die Berge leuchten mir entgegen
auf jenen mir geliebten Wegen,
ich fühle schon das Heimatglück.
In Dankbarkeit schau ich zurück
ein letztes Mal, ganz flüchtig nur,
und seh' mir folgen eine Spur,
sie sagt es mir auf ihre Weise:
„Viel Glück und eine gute Reise!"

Der Anruf

Die Freunde haben abgesagt,
worüber man sich nicht beklagt.

Mit sehr viel Schwung ging man es an,
man sieht jetzt, dass es nicht begann.

Was nicht beginnt, kann auch nicht enden,
wozu auch nur die Zeit verschwenden?

Jetzt geht ein jeder mit Elan
an das, was er beginnen kann.

Inhaltsverzeichnis